Ingrid Pieper

Worte gegen den Stein

J. G. Bläschke Verlag A — 9143 St. Michael

CIP-Kurztitelaufnahme der Deutschen Bibliothek

Pieper, Ingrid:
Worte gegen den Stein / Ingrid Pieper. —
S(ank)t Michael : Bläschke, 1982.

© 1982 by J.G.Bläschke Verlag, A 9143 St.Michael
Druck: J.G.Bläschke Presse, St.Michael
Printed in Austria
ISBN 3-7053-1639-7

*,,Als gäb es, weil
Stein ist, noch Brüder*

Paul Celan

WIR
müssen jetzt kämpfen
für den nicht eingefaßten Opal
für seine Farbkraft
seine Magie

für den wortlosen Finder
vor allem

Alle Zukunftswasser
im Lebenstümpel unsrer
Kinder einig

Über ihm Kalottenhimmel
— Todesfäden quer —
hält das Blau
nicht mehr, nicht Stern
nur
Ewigkeit

Verlegt hab ich
das sanfte Brot:

von Krumen
kann sich nähren kein Mensch—
kein Tier

Der Worte Säule
trägt nicht mehr:
laßt endlich die Steine
seht an
die Risse

ES EILT

Feindbild

Geboren
mit Wehen
zwischen den Kriegen

Gestorben
in Fesseln
des niemals gesichteten
Feinds

Kahn
    flußfernen Denkens
Licht
    mondloser Städte
Sand
    menschlicher Wüsten
Kind
    ratloser Zeit

Zertritt nicht die Schöpfung
wenn du den Aufwind
benutzt

Unsere Nöte gestapelt
gespitzt zu windschiefen
Zelten

Darin wir —
viel fester behaust
als gestern —
in Umarmung des Sturms
der, so scheint es,
unsere Kinder
zerschlagen wird

Moses
vor der Mesusa
stehend.

Hilflose
Schultern.

Übermalen — indianisch

Fall Apfel
fall — hast
die Hand uns
zum Elend
vom Baum (wohl)
geholt

Fall Apfel
fall — bis endlich
die Hand uns
zur Rettung bilder-
verlorene Augen
und Stirnen
bedeckt

Glaubst du — an Abend ohne den
        Morgen
glaubst du — an Wachen ohne den
        Schlaf
glaubst du — an Katzentreu ohne
        den Hund
glaubst du — an Kerzenlicht ohne
        den Blitz
glaubst du — an Tönendes ohne
        Choral
glaubst du — an Menschlichkeit ohne
        das Wir
glaubst du — an morgen ohne
        den ersten Schrei
        eines Kindes:
dann
laß von mir laß mich
allein

Versuch mit der Katastrophe
zu leben

Tiefe Ruhe
Rätsel kaum noch

Wege bekannt
und verschritten:
Mustergelenke

(Rheuma
 versehentlich weißt du)

Augenblick heute

Durch das drapierte Jahrtausend—
Gewand schimmert vorgestriges
Luftschloß. Räume ertanzt
und versunken . Türen
aus Holzblei — zu Jahresringen
verschlossen.

Errungen das Suchen
—von A bis O wiederholbar —

verloren
der malige Weg

Hurtighund über
den Plätzen gesternter
persönlicher
Faltung

Erleichterndes Gläser—
Runden ebenso schnell

Abend mit Gästen
und diskret vertrunkenen
Möglichkeiten sich dir
zu nähern

Hände wie Bratschen
geführt in weiten
Sälen von Haut —

Fellstiefel gegen
die Kälte

Ende einer Flucht

In den Hesperidengärten
Winzigherpes — tangblasiger
Traum von Sinnes—
Eruption

Heimkehr: drei —
geäugter Sichtverlust

Dunkelvagabund
beim Schwimmversuch
ans Moor
verraten

Kalt — Warm

Arabeske der Haut
auch
der Herzen angelegt
festen Maßen
für Sinne und Sinn

und vor allem:
vor allem Erleben
Be-Deutung

Wenn alle größeren Algen
im Flachstrom
den Kampf mit dem Himmel
aufnehmen —

wenn sehr kleine Schritte
die Dächer
zerteilen —

sind schon Glück
und Heimat
im Schornsteinrauchen

Finger zur Hand
wie der Katze die Krallen

Körper zur Lust
wie dem Kranken die Krankheit

Nabel zur Mitte
wie das Luftseil dem Tänzer

Haare zur Stirn
wie die Erfindung von Seegras

Ihr habt uns zum Dienen bestellt

Im Vorfeld des weißen Kittels
wird Wiederholung des Todesgedankens
zum Zwang therapiert.

Der Schlaf aller Ärzte —
und auch euer Schlaf!
ist so — geschehen

gesichert

Hohe Schule

Meiner Lehrer Empfehlung:
Schnitt um die Eiterabszesse
des Lebens

Ich wuchs mit allem
heran und schreibe
Verordnungen aus

Berufen
denke ich nach
sehe:
die Weißwolke
— türöffnend —

stühlige Aufnahme
eines Leidensmoments
und die zum Ratschlag
geriffelte
Hoffnung.

Das Sterben
braucht ein Wort
es soll
den Tod erschließen

Zum Leben
brauchst du mehr
als du
verlangen kannst

Verrat
an jedem Kind :
das Gabegib
der Liebe

Zwang
- - -
Standpunktslos
auf dem Wege
der Häscher

Stellenwert rechts:
versäumtes Sich—
Ausruhn am Rande

Stellenwert links:
Begrüßen des
launigen Windes

Im Zählen der Schritte
den Zeitfluß
verklammern

Wachen
und Bilden das festliche
blausteinige
Hoffen

dies alles
in ruhender Ebene
maulwürfigen
Hügelns

wir werden
mein kleines
gestriegeltes Pferd
das Ziel
im Verfehlen des Nichts
erreichen

Nach dem Kampf

Elsterfedern
verdichten sich
zu Wolken eines
Wesens Kern—
schatten saugen sich
später auf

Geliefert werden
sie zuweilen
von dem blassen
bartlosen Händler
gleich nebenan

Ich schwöre beim Wort

Gut spielt
sich mit Kieseln am Welten—
Morgen
der Strafe gewiß:

Man trägt
das Gesetz der Laterne
zum Lichthof
und ruht
sich im düsteren Ich—
Verlust aus.

Ich schwöre beim Wort:
Parabolisches
hält dich
in Ordnung.

Schachtelhalm
Schachtelhalm
wirst mich nicht verraten
flücht ich mich
flücht ich mich
in die grünen Netze
aus Hautgewirk
aus dir

Narbenholz
Narbenholz
tief mit Ängsterinnen
kommt die Flut
kommt die Flut
mit breiten Feuerzungen
zur rechten Zeit
zum Trost

Hirtenmond
Hirtenmond
läßt die Sonnen bersten
legt das Bild
legt das Bild
als unsre Wirklichkeit
auf Ährenstand
auf mich

Rettung

Gestriger Rotvogel
im blassen Ährenfeld
Angst vor dem Feind
war so sichtbar noch nie

Offenen Mundes
am Dunkelgelb
zum Wogenbeginn:

der Luftschwerterangst
im Fischsein
enthoben.

Kräne am Ort
des Gebrechens —
Lasten verlagernd

die kleine Kamille
am Rand könnte
lindern

Tremor des Fingers
auf dem einzigen Nerv
des fadengehaltenen Lebens —

Keimschalen aufgestellt

Durchgangsorte
des Ich

Das im Tanze der Kerzen
tropfende Wachs bildet
die wirklichen Lichtschalen

Wir fallen — gemessen
am Möglichen —
nie tief genug

Trinklied

Silberschnurmond
Augenblicksschaukel
trägst mich über
das Halbrund der Welt

In deinem flachen Weiß
in deinem Mondmilchstrahl
bin ich —

gefangen

Erwachsen

In Birkhügeln fern
vom Schrei eines Kindes
beginnt für uns
der lautlos befestigte
Weg

Beinprothesen am Rücken
— — —
Schonflächenfüße

Vogelbeer — Eschenbeer
sinnlos geordnet

gestern noch wach
verschliefen wir
— immerhin —
Morgen

wunderbar:
dein Griff (weit zurück)

Alle Früchte gerötet.

Ahnungslos dann schenktest
du mir die geschärften
Skalpelle

Barfuß —
fußnagellos in den neuen Tag
gehen

Das Überwachen von kleinen
beengten Steinen ist nicht
mein Weg

Manche im Durst

Du stellst deine Fallen
und ißt die gefangenen Tiere
vom eigenen Birnbaum nimmst du
die Blüten ins Haus

Du holst dir das Recht
auf Leben nicht über Rezepte
und läßt deine Wunden bluten
wenn du in den Zieh-
Brunnen springst

Für unsere Lippen am Krug
dein sehr rascher Kuß
für allen Restschmerz —
dein Trösten

Nun verflog unser Vogel.
Es belief sich
auf langwegiges
Mehr und Mehr
der glaubhaften
Drohung.

An der
zum Beete
gehobenen
Erde
verlor ich
den Glauben
an mich

Ich trat
dann zur Seite
und ließ mich
auf Steinacker
fallen

Auf die Rißstelle
meiner Fassadengedanken leg ich
die Länge des Fingers
zur Brücke

Das DU erreicht sich
weit über den Wassern
tief in den Schlägen
der sprachfernen Not

Zwischen der siebten und achten
Stunde des Abends brauche ich
Fingernetze um deine
Augenkristalle zu halten

Gelbmohn
mein Begleiter —

lebe ich mit der Stille
nehme ich Farben von dir
zu mir

Weißmohn
gesehen durch gläserne
Blätter unbewegt
kleines Glockengeläut
zählbarer Tränen

Lichtkristall
niemand erwartet
dein Öffnen
doch die Verschärfung
des Bildes auf dem ich
mit Zöpfen und dem geröteten Mohn
zu sehen bin

Hinter dem Spiegel — ich

Seerose mit Rotschatten
Schmetterling in der
Flugzeichnung

ich erfahre wie junge Farne
das wildeste Grün
herbstloses Aufrollen
der Blattfächer
nie endendes Einfärben
auf Steinbilder
die in mir zu leben
beginnen

Großtöpfig verbackener
süßer Stoff —
immer
griff ich hinein
wenn meine Lippen brannten
immer wieder
das alte Haus mit
dem gleichen Allnachts—
Gelicht , mit der Hunds—
Schärfe davor und innen
Süßapfel — Duft

immer
griff und begriff ich —

jetzt
frage ich nicht mehr:
alles hat sich
in mir
versammelt

Syrinx

Vormittags. Längst schon
besungene Buche.
Kehlköpfiges Lichtschild
gegen das Fremde
in uns.

Nachts. Die vollzogene Emigration
aus der gelebten
Behausung:

Notwendigkeit.

Leg deine Brüste ab
sprich: fühlt sich
die Blaublume wohl
zwischen den Hügeln?

Abgetragener Klang
— sagst du —
Östliches flötend

Gezüngelter Mangold:
liebeerbotener, kau —
süßer Schmarren
aus Seen
(ohne mich)
aus Höhn
(ohne mich)

Leertisch getellert.

Ich sehr weit
entfernt doch erreichbar:

immer im Holz
und immer im Falter
der Nacht

Mundsparrende
Gräser aus Honig—
Wiesen löst sich
das Lächeln
nicht mehr

Schlitzlippig
schenken,
bewachen wir nur noch
Erdachtes und wenden
das ICH solange
bis es zum Kleid wird

Halte die Nornen
nicht auf.
Sie bringen den Haaren
die Zucht,
den Äckern
gefurchtes Entspeien.

Vornüber stürze ich in dich hinein
— schlüsselgewarnt
seit langem —

Einbruch des Miteinander.

Halte die Nornen
nicht auf
mit gegen Spiegel
versetzten Bildern.

Wenn das Lachen
aus den feinen Atem—
Sprüngen besteht
aus dem kleinen end—
silbigen Klirren dann
vergiß nie:
hufelose Pferde wollen
dich immer verlassen
gib
ihnen dein Lied
für die Winddrift

Über mir
Brutfedern —

schimmerndes Wagnis

Unter mir
Mittagsgranit —

endloser Schlaf

Der rasche Klee
säumt jeden nur halb—
beschrittenen Weg
ein Fuß von dir ein Fuß
von mir—ständig
die Ahnen befragen
nach Liebe und Ängsten
aus Halbwort

Es könnte sich
Weiteres Ferneres
auftun im nächsten
— dem gänzlich
Verblühten

Gelegentlich
töte ich mich zum Stummsein:

Stumpfworte
Milchgläserfilter
Lebergerinn
— — —

nichts läßt mehr durch.

Übervorrat im Keller.

Sorge vielleicht über dichtes
gedankliches Hausen

Aneinander—
genäht Stämme
aus Fleischholz

Im Häuser—Inneren
Worte, und Worte
wie Würfel

Ich: verblieben
am Schwellenfinger
leichtfertig
angelehnt

Schichtelos
Epidermisverlust —
erstrebter Gewinn:
kulturell
noch undenkbar

Das Feigenblatt legt sich
auf Spielharfen
hat seinen Klang
schon voraus und wirkt
sich aus an den Zitzen
der sinusoiden Beflissenheit
und am Vorbild der worte—
beschatteten
Fläche

Nichts läßt sich
elliptischer Spannung
entreißen

Hufeschlagen
der Schläfen —
Schultern kniewärts
verknotet —
von hinten gepfählte Augen

wie alles:
weit vor mir

Nichts in den Händen
als die Abwehr
von Deutungsversuchen

Meinem Mann

Raum, schnell durchschritten,
Zeitlast, kaum tragbar
Einstand: Gefühle
vertagt auf morgen,
die Gläser besungen, die Zahl,
die Wirte gewechselt, den Stuhl,
die Augen verbrannt, das Bild.

So ließ ich dich, dich zurück
mit deinem kleinen
Versprechen

Coligeschwängerter Wegeverlust —
ich stelle mich dir
nicht mehr zur Verfügung

Männer haltet
die Stimmen zurück —

nicht tief genug
aus euch entstanden
nicht schwingend genug für diese
zerdachte Welt

Hemiedrie

Halbwunsch
Halblust
Halb — Du:

zur Halbwelt
siegesbereit stilisiert
familienfundiert und
samenbewußt

Halbschmerz
Halbkrieg
Halbtod

das Ganze wird
uns überkommen:
Scharfkristall

Fußhäuptig —
Zehen unter dem Hut —
verließ dieser Mann alles
was er hätte sein können:
Frau
auch Mutter
auch Kind

An der beschilderten
Kreuzung entstieg er
dem Wagen nicht.

Wir erinnern uns
seiner Gebrechlichkeit

Passiv

Ein Abend zum Baden
in Zitrus.
Dann überfallen von hinten
mit Marmorstimme
und nachträglich keifend
rascher Ermüdung.

Eine behinderte Frau

Die Hintermänner
verstellen ihr
den einzig entscheidenden
Schritt das feste
Zurück zum Beginn
dort wo die Mutter
im Weg stand

Im Restharn gefiltertes Sehnen
nach couragiertem Überfluten
der hirnwärts verströmenden
zum Leben geschaffenen
Freude

Ineinander verknotet die Finger —
Erlösung von gegeneinander
geräderten Hirnen — zwei in dir
Einem — Mensch

So sehr ertrug ich dich
Ärmster in meinem klappengedichteten
Herzen

Seiden
leben — ganz
gewiß nicht
greifbar —
in Basaren-
Augen

Blicke
Wechsel wärts-
wärts
rücksichtslos
und
offen

Keine Gegenbewegung

Blutendes Ein-
Rasten
von voreinander
stehenden Körpern.
Handflächen jetzt
nach oben
geöffnet: (Meta-Funktion)
kleiner Ent-
Krustungsschmerz.

Einlösen des
Körper-Versprechens
ENDLICH
Stimm-Resonanzen
                      quartisch
Ohrengelege
Griffigwerden der Zehen
Fußschalen in-
einander:
Zeitlos-Gelenke.

Atemschleusen.
Im Überfluß Atem-
Speicher.
Von allem
genug
— — — — —

Erleben
stabilisieren Seins

                    wie
                    Wohnen
                    im
                    Wechsel

Magnetfeld-
geschehen
pulsierender
Stand

                    (wahr)—
                    haftend

Gelbanemone
dicht an der Wurzel
des Baumes
himmelwärts
gestrandet

Beim Gang
durch die Wälder
spreche ich gern
mit dir.

Überrascht

Mein linkes Auge getroffen
entstellt von der Bedeutung
die man dir gab

mein rechtes in weiter Pupille
— nicht abgerundet —
unbeleidigt und frei
für alle Übertretung:

wie schön du bist
in deiner Bewegung

Du gehst um zu bleiben

Du — vor allen Sinnen —
rinnend
in den Kanälen
der Fakten

— — —

Schweigender
Fluß du
in mir
        zur
        gewichtigen
Erfahrung
von Stimmen
Orten
Zeit
und deren Spiegelungen
      (auch
      Entlarvungsprozess)

— — —

Du gehst
um zu bleiben
nie
mir zur Hand
doch mit dem Versprechen
zurück — gelassene
Lippen —
Linien zu füllen

— — —

Ich nehme
Dich an
 Dich (an-
gefüllt)

mit Leben
gegen den täglichen
Tod

Kehrst du jetzt heim —
Feige fruchtig
und süß —

lege dir
Schwimmhäute an
für den Wacholder-
See

Du reichst mir dein Hemd
aus geperltem Bernstein,
Stimmfarne
aschebelegt —
Sprichwort im Stadium
der Tulpe.

Schätze der Tiefe:
meerentschnittener Schlüssel
zu unserer stillsten
Sekunde

Rötetränen
des Blutes entfärben
gewöhnliches Licht.
Ordnen
die Farbenbänder zur
Sprache deines Gesangs.
Begleiten die Glut —
Lippen
in Schwärzen
des Auges —
hinab
bis zum Rotschattenschlaf.

Lösen der Ordnung.
Entatmen der Muster.

Klangturm —
fliegend —
in Lichterschlangen
verwoben: Erlösung im
DU
von allem Zielen
der Lust.

Lichtvögel
aus dir
belagern mein poröses
wartendes Haus
komm, komm
auch du

Wir — sehr still —
wir haben
ein Lächeln
für das
geschulterte
Leben

Die Kunst
aus deinen Stimmen
Schalen zu formen —

die Lust
mit deinen Zehen
Herzen zu nieten —

die Angst
im weißen Schiff
es sinke
viel zu tief

alles
legt sich am Bergsturz
in die Schwingenweite
des Adlers

Neuerlich Moorzeichen

Deinen Namen atme ich ein
wie dunkelndes Licht —
schwerelos du
dann auf mir und kein Wort
mehr nötig
meine Hand zu führen

in Braun und Ocker —
will sein: Schnepfenklang
mag sein er steht
in jedem Fall ganz dicht
vor unseren Herzen

Heilen wird können
dein Mund mit den Säften
aus Tanzstern und tief-
entgrabener Wehmut

Das große Buch
zwischen die rätselnden
Körper gelegt
find ich mich besser
zurecht

Im Lichte der grün-
silbigen Laterne
lebt es sich gut
es gibt vieles zum Fest-
halten ehrliche
Farbe Hintergrunds-
Dunkel Schläfer-
Gedanken

Im Lichte dieser
Laterne wünsch ich mir
deinen vorletzten
Kuß

In Lehmwäldern
— weiter wollten wir kommen —
Greifbares zu uns:

Leichtkorken
Flaschenrest
Felder Begrenzung

Teile vom DU
Teile vom ICH
ausgestellt
zu ganzem Wesen

Verrat
an der Lilie in dir
biblisch gesehen
der Umweg Direkt-
Transparenz

Meeressandig
fließe ich zu Linien
deines Wechsel-
körpers ein

als Kamée
verspätet
wirst du mir
dann hausbeständig

INHALTSVERZEICHNIS

Wir müssen jetzt kämpfen	6
Alle Zukunftswasser	7
Verlegt hab ich das sanfte Brot	8
Feindbild	9
Kahn flußfernen Denkens	10
Unsere Nöte gestapelt	11
Moses vor der Mesusa	12
Übermalen — indianisch	13
Glaubst du an Abend ohne den Morgen	14
Versuch mit der Katastrophe zu leben	15
Augenblick heute	16
Hurtighund	17
Abend mit Gästen	18
Ende einer Flucht	19
Kalt — warm	20
Wenn alle größeren Algen	21
Finger zur Hand	22
Ihr habt uns zum Dienen bestellt	23
Hohe Schule	24
Berufen denke ich nach	25
Das Sterben braucht ein Wort	26
Zwang	27
Wachen und Bilden	28
Nach dem Kampf	29
Ich schwöre beim Wort	30
Schachtelhalm	31
Rettung	32
Kräne am Ort des Gebrechens	33
Tremor des Fingers	34
Das im Tanze der Kerzen tropfende Wachs	35
Trinklied	36

Erwachsen	37
Vogelbeer — Eschenbeer	38
Barfuß	39
Manche im Durst	40
Nun verflog unser Vogel	41
An der zum Beete gehobenen Erde	42
Auf die Rißstelle meiner Fassadengedanken	43
Gelbmohn	44
Hinter dem Spiegel — ich	45
Großtöpfig verbackener süßer Stoff	46
Syrinx	47
Gezüngelter Mangold	48
Mundsparrende Gräser	49
Halte die Nornen nicht auf	50
Wenn das Lachen aus den feinen Atemsprüngen besteht	51
Über mir Brutfedern	52
Der rasche Klee	53
Gelegentlich töte ich mich zum Stummsein	54
Aneinandergenäht Stämme	55
Schichtelos Epidermisverlust	56
Nichts läßt sich elliptischer Spannung entreißen	57
Meinem Mann	58
Coligeschwängerter Wegeverlust	59
Hemiedrie	60
Fußhäuptig	61
Passiv	62
Eine behinderte Frau	63
Im Restharn gefiltertes Sehnen	64
Seiden leben	65
Keine Gegenbewegung	66
Gelbanemone	68
Überrascht	69
Du gehst um zu bleiben	70
Kehrst du jetzt heim	72

Du reichst mir dein Hemd	**73**
Rötetränen des Blutes	**74**
Lichtvögel aus dir	**75**
Die Kunst aus deinen Stimmen	**76**
Neuerlich Moorzeichen	**77**
Heilen wird können dein Mund	**78**
Im Lichte der grünsilbigen Laterne	**79**
In Lehmwäldern	**80**
Verrat an der Lilie	**81**
Meeressandig fließe ich	**82**